Heike Baum

# Da bin ich fast geplatzt!

## Vom Umgang mit Wut und Aggression

Kösel

**HEIKE BAUM**

Die Autorin, geboren 1963, ist Spielpädagogin, Gruppendynamikerin und Supervisorin (DGSv). Als freiberufliche Fortbildnerin leitet sie seit mehr als zehn Jahren Seminare für MitarbeiterInnen aller pädagogischer und therapeutischer Praxisfelder. Ihr Schwerpunkt dabei sind emotionale Themen wie Trauer, Wut und Angst. Durch ihre langjährige berufliche Erfahrung mit Kindern und Jugendlichen sind ihr die häufig unbeachteten intrapsychischen und emotionalen Themen dieses Alters besonders wichtig.

Als Autorin ist sie bekannt durch ihre vielfältigen Veröffentlichungen von pädagogischen und spielpädagogischen Fachbüchern, die sich häufig innovativen und neuen Themen widmen, sowie durch ihre Brettspiele.

Danken möchte ich meiner Lektorin Heike Mayer, die mit ihrer konsequenten Fachlichkeit und mit ihrer konstruktiven und fruchtbringenden Kritik großen Anteil an der hohen Qualität dieses Buches hat.

Erziehungsarbeit wird nach wie vor überwiegend von Frauen geleistet. Daher ist in diesem Buch der leichteren Lesbarkeit wegen grundsätzlich von weiblichen Erwachsenen die Rede. Männliche Leser mögen bitte darüber hinwegsehen.

© 2002 by Kösel-Verlag GmbH & Co., München
Printed in Germany. Alle Rechte vorbehalten
Druck und Bindung: Kösel, Kempten
Umschlaggestaltung: Kaselow Design, München
Umschlagmotiv: Mauritius/Frauke
Illustrationen: Heike Herold
Der Abdruck des Zitats von Alice Miller auf Seite 4 erfolgt mit freundlicher Genehmigung der Autorin und des Suhrkamp Verlags.
ISBN 3-466-30585-3

*Gedruckt auf umweltfreundlich hergestelltem Bilderdruckpapier (säurefrei und chlorfrei gebleicht)*

# Inhalt

**Vorwort** 4

**Die Wut macht Mut** .................. 6
*Evolutionäre und entwicklungspsychologische Aspekte*

**Die Wut tut gut** .................... 19
*Aggressive Gefühle spüren und mit ihnen umgehen lernen*

**Die Wut grenzt ab** .................. 30
*In Spielen und Übungen Grenzen ziehen*

**Die Wut schlägt zu** ................. 42
*Spiele zum Umgang mit Gewalterfahrungen*

**Literaturtipps** 47

## Vorwort

> *Wenn man ein Kind erzieht, lernt es erziehen.*
> *Wenn man einem Kind Moral predigt, lernt es Moral predigen.*
> *Wenn man ein Kind warnt, lernt es warnen.*
> *Wenn man mit einem Kind schimpft, lernt es schimpfen.*
> *Wenn man ein Kind auslacht, lernt es auslachen.*
> *Wenn man ein Kind demütigt, lernt es demütigen.*
> *Wenn man die Seele eines Kindes tötet, lernt es töten.*
> *Es hat dann die Wahl, ob sich selbst, die anderen oder beides.*
> *Doch wenn man ein Kind respektiert, lernt es, andere,*
> *Schwächere zu respektieren.*
> *Wenn man versucht, sein Verhalten zu verstehen, fühlt es sich*
> *in Sicherheit und muss nicht mehr toben.*
>
> ALICE MILLER

*Liebe Leserin, lieber Leser,*

Aggression wird, wie viele Themen im Bereich des sozialen Verhaltens, von Erwachsenen häufig unter moralischen und normativen Gesichtspunkten betrachtet. Deshalb will ich im ersten Kapitel dieses Buches die entwicklungspsychologischen und evolutionären Aspekte beleuchten.

Aggression (nicht Gewalt!) ist eine wichtige Energie, die dem Menschen zur Verfügung stehen muss, damit er sich weiterentwickelt und sich innerlich und äußerlich vorwärts bewegt. Aggression kommt von dem lateinischen Wort *aggredi* und bedeutet hier »etwas angehen, aktiv werden«. Bei vielen Erwachsenen habe ich jedoch immer wieder den Eindruck, dass sie versuchen, in Kindern die Keime von Wut, Aggression und Gewalt so früh wie möglich zu unterdrücken. Stark übertrieben gesagt: Sie verhalten sich, als glaubten sie, dass in einem Kind das Böse an sich schlummert, das so früh wie möglich ausgetrieben werden muss. Dabei wird die Aggression als lebensbejahende und lebenserhaltende Kraft ignoriert. Dem

Kind werden Doppelbotschaften gesendet. Die eine Botschaft heißt: Wehre dich und setze dich durch; die andere bedeutet so viel wie: Sei immer lieb und ordne dich unter.
Diese unterschiedliche Botschaften verwirren ein Kind und verunsichern es damit im Umgang mit anderen Menschen.
Ganz anders wird sich verhalten, wer davon ausgeht, dass dem Menschen helle und dunkle Seiten angehören, die es zu integrieren gilt und die sich selbst bewusst gemacht werden müssen, damit sie hervorgeholt und als positive Energie für sich selbst und auch für andere genutzt werden können.
Ein weiterer Aspekt, der hier mitschwingt, ist Macht bzw. Ohnmacht. Wenn ausschließlich die Erwachsenen definieren, was erlaubt ist und was nicht, und sie zudem noch zweierlei Maß anwenden, indem Kindern in jedem Fall weniger erlaubt ist als ihnen selbst, gebrauchen sie ihre Macht über die Maßen. Das Kind erlebt sich selbst immer nur als ohnmächtig, was die Abhängigkeit von den Eltern unerträglich macht. Das Kind muss in diesem Zustand Phantasien entwickeln, die die Ohnmachtgefühle relativieren. Es phantasiert also ein Handlungsmuster, in dem es sich selbst mächtig fühlen kann. Dazu gehört auch: Im Notfall nehme ich mir, was ich will, mit Gewalt. Damit wird deutlich, wie abhängig das Kind hier vom Verhalten der Eltern ist.
Genaueres dazu lesen Sie in der Einführung im folgenden Kapitel auf Seite 8.

Im Anschluss an die Einführung finden Sie zahlreiche Spiele und Übungen, die Kindern helfen, sich ihrer Aggression bewusst zu werden und mit ihr langfristig konstruktiv umzugehen. Dies ist kein Wochenprojekt, sondern ein Lernfeld für das Leben. Daher macht es Sinn, sich die Spiele und Übungen immer wieder vorzunehmen und mit den Kindern an diesem Thema zu arbeiten.

Viel Energie und Spaß wünsche ich Ihnen hierbei.

*Heike Baum*

# Die Wut macht Mut

*Evolutionäre und entwicklungs-psychologische Aspekte*

Aggression entsteht durch ein vielfältiges Gemisch von unterschiedlichen Faktoren. Dabei sind sich die Experten nach wie vor nicht einig, welcher dieser Aspekte den wesentlichsten Einfluss nimmt. Hormonelle Faktoren werden diskutiert, zum Beispiel in der Frage, ob Jungen grundsätzlich aggressiver als Mädchen sind (hierzu sind die Meinungen nach wie vor sehr kontrovers), außerdem evolutionäre, entwicklungs- und verhaltenspsychologische Aspekte. Die einzelnen Denkmodelle führen in ihrer Zielsetzung zu sehr unterschiedlichen Verhaltens- und Erziehungsvorstellungen. Sicher ist, der Mensch wird bereits mit aggressiven Energien geboren. Er wäre nicht fähig, für sich selbst einzustehen, sich abzugrenzen und sich weiterzuentwickeln, würde ihm dieser wesentliche Anteil fehlen. Was das konkret für die Erziehung und für die Beziehung zu Kindern bedeutet, lesen Sie nun im Folgenden.

## Aggression ist notwendig für unser Überleben

Wenn ein Kind auf die Welt kommt, beginnt es nach kurzer Zeit zu schreien, wenn es Hunger hat oder ein anderes Unwohlsein es stört. Keiner bringt ihm bei, dass Weinen und Schreien erlaubte Mittel sind, um die Mutter oder den Vater auf sich und seine Bedürfnisse aufmerksam zu machen. Aber es hat den Trieb zu überleben. Dazu *muss* es andere auf sich aufmerksam machen, dazu muss es gehört werden.
Menschen brauchen die aggressive Energie, um sich, wie im Vorwort bereits erwähnt, vorwärts bewegen zu können. Dazu gehört auch sich abzugrenzen, sich einzubringen und sich im Notfall gegen andere Menschen durchsetzen zu können. Nichts anderes tut ein Baby in einer solchen Situation. Es spürt einen Unwillen, da es Hunger hat. Tatsächlich ist letztlich sein Leben bedroht. Wenn es keine Nahrung bekommt, wird es verhungern.
Wenn wir davon ausgehen, dass die Entwicklung von Aggression im positiven Sinne zum Menschen gehört, stellt sich die Frage, welche Faktoren dafür verantwortlich sind, dass ein Mensch sie im Guten für sich und andere nutzen kann und sie nicht als Gewalt zerstörerisch wirken muss. Sicher ist, dass es sich dabei um ein Konglomerat handelt aus Erziehung, Veranlagung, Umwelt, der erlernten Frustrationstoleranz, Imitation von Vorbildern und so weiter.

## Wie uns verschiedene Faktoren beeinflussen

Betrachten wir die einzelnen Aspekte einmal genauer. Die *Umwelt* ist das, was wir Menschen um uns herum und in der Welt erleben, sehen und hören. In dieser Zeit des Afghanistankrieges und seiner Auswirkungen sind die gewaltpräventiven Projekte in der Kinder- und Jugendarbeit sehr in Frage gestellt, lernen ältere Kinder und Jugendliche doch hier, dass auch Politikern nichts anderes einfällt, als auf einen Krisenherd mit Gewalt zu reagieren. Erwachsene werden unglaubwürdig, wenn sie in Fragen der Gewalt keine alternativen Handlungsmuster anbieten können, es aber von den Kindern und Jugendlichen fordern.
Kinder dagegen, welche zu Zeiten der aktiven Friedensbewegung oder

auch während des Mauerfalls ihre Eltern im gewaltfreien Widerstand erlebten, haben diese Normen gelernt und meist auch verinnerlicht.

Die *Erziehung* ist sicher ein wesentlicher Faktor, wenn es darum geht, einen adäquaten Umgang mit der eigenen Aggression zu erlernen. Dabei spielen die eben genannten Aspekte sehr stark in diesen Bereich mit hinein. Denn Eltern sind nicht nur Erziehende, sondern auch Vorbild und sie prägen gerade die kindliche Frustrationstoleranz entscheidend mit.

Damit Kinder die Chance haben, ihre eigene aggressive Energie zu nutzen, und Wut, Gewalt, Zorn und so weiter als Gefühl auseinander halten lernen, ist es erst einmal notwendig, dass ihnen ermöglicht wird, diese Gefühle zuzulassen. Gefühle können nicht aus- und eingeschaltet werden, aber wenn Kinder früh lernen, dass bestimmte Emotionen von Erwachsenen nicht gewünscht sind, werden sie diese unterdrücken. Doch wir alle kennen die Redensart vom Tropfen, der das Fass zum Überlaufen bringt. Er bedeutet nichts anderes, als dass sich die Gefühle einen Weg suchen und damit Ausdruck finden. Das kann je nach Veranlagung ein nach außen gerichteter Wutausbruch sein oder aber ein Kind wird krank, verletzt sich selbst, richtet die Gefühle nach innen, gegen sich selbst. Ein solches Verhalten wird auch als Autoaggression bezeichnet.

Dies bedeutet, dass Kinder mit ihren Gefühlen ernst genommen werden müssen. »Ist doch gar nicht so schlimm«, »Tut doch gar nicht so weh«, »Brauchst keine Angst zu haben« sind Wege, Kindern zu zeigen, dass ihre Gefühle nicht richtig, übertrieben oder nicht angebracht sind. Lernt ein Kind hingegen, dass es seinem Gefühl Ausdruck geben darf, kann es früh einen konstruktiven Umgang damit lernen, der dem Alter entsprechend weiterentwickelt werden kann.

## Nicht sprechen, sondern schlagen

Wenn ein Kind erzogen wird, lernt es erziehen, sagt Alice Miller. Es könnte auch heißen: Wenn ein Kind geschlagen wird, lernt es schlagen. Der noch so kleinste Klaps wird von einem Kind als Missachtung der eigenen Person und als Demütigung erlebt. Da nützt auch der Satz vieler Eltern nichts, ihnen hätte es auch nicht geschadet. Ich widerspreche hier, denn es hat in dem Sinne geschadet, dass sie in Erziehungsfragen offensichtlich keine anderen Handlungsmuster erlernt haben. Hier sind Erziehende Vorbild! Kinder, die in einer Verhandlungskultur aufwachsen, in der jedes Mitglied der Familie oder Kindergartengruppe dieselben Rechte (wenn auch nicht immer dieselbe Verantwortlichkeit) besitzt, sind oft anstrengend, weil sie Anweisungen nicht einfach hinnehmen, sondern sie erklärt haben wollen. Doch lernen sie auch im Kontakt mit anderen, ihre Sprachfähigkeit so zu entwickeln, dass sie im Konfliktfall miteinander sprechen können und nicht aus Verzweiflung schlagen müssen.

Betrachtet man Gewalt genau, ist sie immer ein Zeichen von Verzweiflung, Ohnmacht und Hilflosigkeit. Gewalt ist nonverbale Kommunikation, also Reden ohne Worte, weil die Sprachfähigkeit in dieser Situation fehlt. So übernehmen die Hände das Sprechen. Damit wird deutlich, warum vor allem kleine Kinder unter vier Jahren ihre Auseinandersetzungen öfter körperlich austragen; es fehlen ihnen sozusagen noch die Worte.

## Wie Kinder selbständig mit Konflikten umgehen

Eine Studie des Deutschen Jugendinstituts aus dem Jahre 1996 belegt, dass Kinder in Kindertagesstätten ihre Konflikte wesentlich häufiger ohne Gewalt lösen können als umgekehrt. Das zeigt, wie hoch ihre nonverbale Kommunikationsfähigkeit tatsächlich ist. Sie verstehen sich offensichtlich auch ohne Worte sehr gut, setzen kleine Signale, die wir Erwachsenen häufig nicht durchschauen. Obwohl sich viele Erzieherinnen über die zunehmende Gewalttätigkeit von Kindern beschweren, wurde eine solche Entwicklung mit dieser Studie nicht bestätigt.

Im Alltag nehmen Erwachsene viel häufiger die eskalierenden Konflikte wahr als diejenigen, in denen Kindern eine friedliche Lösung gelingt, da diese still und unauffällig passiert. So hat diese Studie, während derer in mehreren unterschiedlichen Kindertagesstätten Spielsituationen von Kindern auf Video aufgezeichnet wurden, gezeigt, wie häufig es den Kindern gelingt, ihre Konflikte gut zu lösen. Die Erzieherinnen der Kinder waren davon sehr überrascht. Eine weitere Überraschung war, dass sich die Konflikte fast immer über einen längeren Zeitraum hinzogen. Eine entstehende Eskalation war in dem Moment, als sie geschah, oft gar nicht mehr erwartet. Hierzu ein Beispiel:

Mark sitzt mit Peter und David in der Bauecke. Während Peter seine ganze Aufmerksamkeit der entstehenden Burg widmet, sind David und Mark dabei, sich zu unterhalten. Mark erzählt von seinem Fahrradsturz, der am Vortag stattfand. Er zeigt David das verwundete Knie und möchte auch, dass Peter es sich anschaut. Peter schaut nicht hin, er ist mit der Burg beschäftigt. Als Mark ihn anstößt, schaut Peter kurz auf und sagt, Mark sei eben wehleidig, dann baut er weiter. Mark verletzt das, was deutlich an seinem Gesicht zu sehen ist. Das Gespräch bricht ab und die drei Jungen bauen weiter. Mark bleibt angespannt und unruhig. Peter, ganz auf seine Arbeit konzentriert, ist Mark zu langsam. Deshalb will er den roten Bauklotz aus Marks Hand nehmen. Er greift danach und die beiden ringen einige Sekunden um den Klotz, dann haut Mark Peter damit auf den Kopf.
Wenn nun ein Erwachsener die Szene beobachtet und Peter weinen sieht, wird er fragen, was passiert ist. Peter erzählt von dem Schlag auf seinen Kopf und Mark, dass Peter ihm den Bauklotz wegnehmen wollte. Beides ist wahr und doch nur die Hälfte der ganzen Geschichte. Denn die Kränkung, die Mark erlebt hat, war der eigentliche Grund für die Eskalation.

Als ihm Peter den Klotz wegnehmen wollte, kam das Fass zum Überlaufen. Besonders erschwert wurde die Situation dadurch, dass die Jungen nicht mehr miteinander im Gespräch waren. Die Spannung zwischen Peter und Mark verhinderte die verbale Kommunikation. So konnte Peter um den Klotz nicht fragen, sondern musste handeln.

In einer sehr ähnlichen Konstellation fand dagegen keine Gewalthandlung statt. Würde man das Geschehen auf diese Situation übertragen, hatte, nachdem Peter sagte, Mark sei wehleidig, David sich eingeschaltet und zu Peter gesagt, dass ihm, Peter, das bestimmt auch wehgetan hätte. Daraufhin lässt Peter ein »Mhmh« von sich hören und die Situation ist entspannt.

### Wie können Erwachsene reagieren?

Als Erwachsene können wir die Wahrheit oft nur unvollständig erfahren; daher stellt sich die Frage, wie wir mit solchen Situationen umgehen.

Zuerst einmal geht es vor allem darum, sich als Erwachsener nicht einzumischen. Kinder werden um Hilfe bitten, wenn sie diese brauchen. Die Situation ist bereits so, wie sie ist, das bedeutet, es fließen schon die Tränen oder das Spiel ist zerstört und so weiter. Mischen wir Erwachsene uns hier ein, verhindern wir meist, dass die Kinder untereinander die Versöhnung gestalten. Wie wichtig ist uns Erwachsenen gerade die Versöhnung mit dem Partner oder der Partnerin nach einem heftigen Streit. Diese Erfahrungen sollten wir Kindern nicht nehmen, sondern sie selbst ausprobieren lassen, wie sie sie gestalten wollen.

Auch Kinder entwickeln häufig Rituale. So habe ich mit meinen Geschwistern immer »Giftig« gespielt, wenn wir Streit hatten. Dann konnte ich beim Abwaschen die Teller, welche mein Bruder abgetrocknet hatte, nur mit einem Tuch anfassen, da er den Teller ja vergiftet hatte. Die Versöhnung fand meist statt, indem wir irgendwann anfingen, uns zu stupsen. Dann musste die Stelle, an der die Berührung stattgefunden hatte, sofort mit dem Handtuch abgerubbelt werden, und dieses Necken endete immer in gemeinsamem Gelächter.

Hätten sich meine Eltern eingemischt, hätte ich vermutlich nicht gelernt, einen Konflikt zu beenden, indem ich mich und den Konflikt einfach nicht so ernst nehme und eine Gelegenheit suche, darüber auch zu lachen.

## Wie man Kindern ihre Gefühle »spiegelt«

Wenn Kinder kommen und um Hilfe bitten, dann geht es nicht darum, den Konflikt für sie zu klären, sondern mit den Kindern gemeinsam herauszufinden, was nun wichtig ist zu tun und/oder zu sagen. Wir sollten also die Gefühle und den Ausdruck der Kinder »spiegeln«, also sie ihnen als Angebot rückmelden. Ein Beispiel dazu:

Peter weint, weil Mark ihm den Bauklotz auf den Kopf geschlagen hat. Er kommt zur Erwachsenen und beschwert sich. Dabei rutscht er auf deren Schoß. Er sucht also einerseits Schutz und andererseits Trost. Dieses Gefühl wird dem Kind in Worte gefasst:

*Erwachsene:* Das hat dir so wehgetan, dass du nun erst einmal getröstet werden willst und bei mir Schutz suchst.
*Peter* nickt: Der blöde Mark, mit dem spiel ich nie wieder.
*Erwachsene:* Im Moment bist du so ärgerlich, dass du dir gar nicht vorstellen magst, noch mal mit Mark zu spielen?
*Peter:* Nein, nie mehr, am liebsten würde ich ihm eine reinhauen.
*Erwachsene:* Das verstehe ich. Wenn mir jemand wehtut, dann spüre ich auch nicht nur den Schmerz, sondern habe auch eine echte und große Wut. Wie groß ist denn deine Wut jetzt, magst du sie mir mal zeigen?
*Peter* grinst, rennt einmal durch den ganzen Raum und schreit: Soooooooooo groß ist die Wut. Dann dreht er sich um und geht zurück in die Bauecke und spielt mit Mark und David weiter.

Peter hat in dieser Szene bekommen, was er brauchte: Trost und Verständnis für seine Gefühle. Ihm zu sagen, er sei sicher auch an der Situation schuld, würde ihm hier nicht helfen, sondern eher noch den moralischen Druck erhöhen. Was würde er daraus lernen? Wenn etwas passiert, an dem er selbst schuld ist, verweigern Erwachsene sich ihm und strafen ihn damit noch zusätzlich. Peter weiß genau, wie die Situation eskaliert ist, er war ja dabei und hat die Konsequenz seines Verhaltens erleben müssen. Dies ist eine wichtige Lernerfahrung und er wird in neuen Situationen sicher versuchen, sein Sozialverhalten weiterzuentwickeln.

Spinnen wir die Szene einmal weiter. Mark ist nicht entgangen, dass Peter bei der Erwachsenen war. Er ist nun verunsichert, ob die ihm böse ist. So wartet er zwar einige Minuten, schleicht sich aber dann hin und will auch auf ihrem Schoß sitzen.

*Erwachsene:* Na, brauchst du nun auch ein wenig Trost, weil du mit Peter gestritten hast?
*Mark* nickt.
*Erwachsene:* Was denkst du denn nun?
*Mark:* Ich wollte dem Peter nicht wehtun, aber der hat mich so geärgert.
*Erwachsene:* Was hat dich denn so geärgert, dass du in so große Wut geraten bist?
*Mark* beginnt zu schluchzen: Erst hat er gesagt, ich bin wehleidig, und dann wollte er mir auch noch meinen Bauklotz wegnehmen.
*Erwachsene:* Das hören wir alle nicht gerne, dass wir wehleidig sind. Weißt du denn, warum Peter das zu dir gesagt hat?
*Mark* schüttelt den Kopf.
*Erwachsene* drückt ihn fest an sich und sagt: Na, dann würde ich dir vorschlagen, jetzt zum Peter zu gehen und ihn zu fragen, ob er dich wirklich für wehleidig hält. Vielleicht hatte er sich auch einfach nur geärgert und es deshalb gesagt.
*Mark* kuschelt noch ein bisschen, um sich Mut zu machen, und geht dann los. Bald sitzen die beiden in ein wichtiges Gespräch vertieft in der Bauecke.

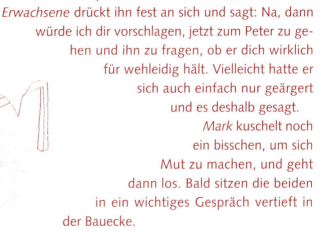

Die Erwachsene in den Beispielen hat an keiner Stelle die Situation oder das Erleben der Kinder bewertet. Damit lässt sie ihnen die Möglichkeit, selbst zu entscheiden, wie sie diese Situation finden sollen, und Kinder begreifen darüber, dass es Konflikte in Beziehungen gibt, die aber nicht zu weiterer Bestrafung führen müssen. Der herzliche Kontakt zur Erwachsenen bleibt erhalten, sie ist neutral und zugewandt, versteht sich als außenstehend und nicht in den Konflikt involviert – was ja auch den Tatsachen entspricht. Erwachsene, die eingreifen, machen den Konflikt der Kinder zu ihrem eigenen. Sie maßen sich an, genau zu wissen, was die Kinder nun als Unterstützung brauchen, ohne von ihnen dafür autorisiert zu sein. Im Grunde ist das eine Grenzüberschreitung.

## Wie eingreifen?

Trotzdem gibt es Situationen, in denen wir Erwachsenen aus einem inneren Gefühl heraus eingreifen, zum Beispiel weil wir nicht aushalten, wie körperliche Gewalt ausgeübt wird, oder die Sorge, dass jemand ernstlich verletzt wird, groß ist. Hier empfehle ich, vor allem erst einmal tief durchzuatmen und nicht unüberlegt einfach loszupoltern. Die Situation ist bereits eskaliert, das heißt, was die Kinder nun brauchen, ist eine ruhige Stimme, die Entspannung herbeiführen kann. Erwachsene sollten sich behutsam den Kindern nähern und eines der beiden in die Arme nehmen. Liebe- und kraftvoll, nicht zerrend, sondern haltend. Wenn ersichtlich ist, wer von den beiden mehr in Wut geraten ist, gehen Sie auf dieses Kind zu. Halten Sie es und versuchen Sie, beruhigend auf das Kind einzureden. Sagen Sie, dass es gut sei, dass Sie spüren, wie viel Wut es hat, und dass es nun beginnen soll, ganz tief durchzuatmen. Ein Kind in solch einer Situation ist verzweifelt und nicht »böse«. Es hat die Hilflosigkeit in einer Situation gespürt und sie nicht mehr ertragen. Dieses Verständnis sollte den Kindern vermittelt werden. Gewalttätige Kinder sind immer Opfer ihrer eigenen Gefühle.

Dabei darf das andere Kind nicht vergessen werden. Es sollte angesprochen werden, wie es sich fühlt und ob ihm etwas fehlt. Beruhigen sich beide Kinder schnell, kann die Situation besprochen werden, ansonsten gilt es, zuerst die Entspannung herbeizuführen und später mit den beiden in Ruhe darüber zu reden, was eigentlich passiert ist. Es geht auch hier nicht darum, einen Schuldigen zu finden, sondern darum, es den Kindern zu erleichtern, die Situation des anderen jeweils zu verstehen.

## Schimpfwörter und verbale Aggression

Wenn Auseinandersetzungen unter Kindern nicht nur körperlich, sondern auch verbal stattfinden, ist das ein wichtiger Schritt in ihrer Entwicklung und ein Zeichen erweiterter sozialer Kompetenz. Sie üben dabei schrittweise ein, wie das verbale Streiten geht. Dass sie sich dabei manchmal im Ton vergreifen oder ausprobieren wollen, welches »schlimme« Wort welche Reaktion hervorruft, gehört zu diesem Entwicklungsschritt. Auch hier geht es darum, mit den Kindern die Situation so zu besprechen, dass sie verstehen, was das Gegenüber denn so geärgert hat, dass es zum Beispiel »Arschloch«-schreienderweise reagieren musste und sich nicht anders zu helfen wusste.
Als Erwachsener kann ich dann selbstverständlich mit den Kindern auch darüber reden, was die Wörter eigentlich bedeuten und warum Erwachsene sie nicht so gerne hören.
Sind Kinder Erwachsenen gegenüber verbal »frech«, freue ich mich persönlich darüber. Es bedeutet nämlich, dass Kinder sich zwar in dieser Situation unterlegen fühlen und sie sich damit abfinden müssen, aber sie tun es nicht wehrlos. Es bleibt noch der Mama zu sagen, dass sie doof ist oder besser sowieso nicht da wäre.
Dies ist häufig für Erwachsene kränkend, doch bedeutet es nur, dass die Kinder sich nicht widerspruchslos beugen und in ihrer eigenen Sprachfähigkeit noch nicht differenzierter formulieren können. Denn ein Kind meint niemals, dass die Mutter für immer weg sein sollte, sondern nur in diesem Moment, in dem sie etwas verlangt, was das Kind nicht möchte. Es denkt: »Wäre Mama nun nicht da, müsste ich auch nicht ins Bett.«

## Wenn Erwachsene die Beherrschung verlieren

Besonders schwierig ist es, wenn Erwachsene in einer eskalierten Situation selbst die Beherrschung verlieren. Für Kinder sind das besonders bedrohliche Situationen, weil die Erwachsenen damit nicht mehr einschätzbar bleiben. Deshalb sollte es solche Situationen nicht geben. Aber das ist Theorie, jeder Mensch erlebt Situationen, in denen er oder sie so sehr angegriffen ist, in denen das Nervenkostüm so dünn ist, dass die Wut einfach herausplatzt. Da wird schon mal geschrien, weil die Kinder keine Ruhe geben, sondern weiter streiten. Was wir Kindern damit aber beibringen, ist, dass Streit nur mit Streit beendet werden kann.

Ist es trotz aller Besonnenheit einmal passiert, wird es nötig sein, mit den Kindern darüber zu sprechen. Sie haben das Recht, auch die Hintergründe zu erfahren. Dabei ist es für Kinder besser, sie hören die Wahrheit, als sie spüren, dass sie gerade zur Beruhigung angelogen werden. Dazu muss sich natürlich der Erwachsene vorher selbst überlegen, was ihn so fassungslos gemacht hat, dass er sich selbst so vergessen konnte. Kinder lernen dabei, dass Streit zum Leben gehört und dass es eben auch passieren kann, dass der Streit kontrolliert eskaliert. Das ist nichts Schlimmes, solange keine körperliche oder psychische Gewalt angewendet wird, es gehört zur Beziehung dazu. Wichtig ist, immer wieder zu überlegen, warum es so weit kam und wie das in Zukunft verhindert werden kann.

## Wenn Schläge fallen

Ganz anders sieht es aus, wenn ein Erwachsener ein Kind schlägt. Hierbei wird jede akzeptable Grenze überschritten. Kein Erwachsener hat das Recht, sich so weit gehen zu lassen und sich für so hilflos zu halten, dass dies verzeihbar wäre. Hat jemand bis ins Erwachsenenalter nicht gelernt, mit sich so weit klarzukommen, dass er nicht die Beherrschung verliert und gewalttätig wird, muss er die Verantwortung dafür übernehmen und einen Therapeuten, mindestens jedoch eine Erziehungsberatungsstelle aufsuchen (gibt es in jedem Ort und ist unter »Beratungsstellen« im Telefonbuch zu finden). Das Schlimme am Schlagen von Kindern ist, dass sie die Verbindung zu ihrer Tat nicht herstellen können und sich in ihrem ganzen Sein abgewertet fühlen. Sie sind zu nichts zu gebrauchen, bedeutet jeder Schlag oder auch Klaps. Sie sind ohnmächtig der Gewalt des mächtigen Erwachsenen ausgeliefert, was eine weitere Vielzahl von Ängsten auslösen kann.

## Gewalterfahrungen

Wer lernt, konstruktiv mit seinen aggressiven Anteilen umzugehen, braucht keine Gewalt, um sich abzugrenzen oder durchzusetzen. Trotzdem laufen Kinder natürlich immer in Gefahr, Opfer von Gewalt durch andere Kinder und Jugendliche oder Erwachsene zu werden. Ein Kind mit einer solchen traumatisierenden Erfahrung muss psychologisch und therapeutisch begleitet werden. Gleichzeitig braucht es Erwachsene im Umfeld, von denen es sich verstanden und mit denen es sich sicher fühlt. Ist die Gewalt von Fremden auf der Straße ausgegangen, hilft es Kindern, vorerst nicht allein gehen zu müssen. Häufig reagieren Kinder dabei regressiv, sie verhalten sich also so, wie es einem früheren Alter entspricht. Wenn Erwachsene akzeptieren, dass dieses Verhalten für das Kind im Moment notwendig ist und ihm die entsprechenden Hilfestellungen (etwa den Schnuller) für eine Zeit einfach lassen, wird es schnell wieder vorübergehen. Je mehr Erwachsene gegensteuern, umso mehr werden Kinder versuchen, sich diesen kindlichen Anteil über Umwege zu holen.
Ist die Gewalt in der Familie oder in der Kindertagesstätte passiert, suchen Sie sich Hilfe und Rat bei fachkundigen Stellen (zum Beispiel kirchliche Erziehungsberatungsstellen, Verein »Brennessel« oder Frauenhäuser. Sie finden die Adressen im örtlichen Telefonbuch und werden dort kompetent beraten oder weitervermittelt). Wenn zu schnell die Gerichtsbarkeit eingeschaltet wird, kann dies den Familien und anderen Erwachsenen, vor allem aber den Kindern selbst schaden. Deshalb ist es wichtig, sich zuallererst beraten zu lassen.

Die folgenden Spiele, Übungen und Ideen zum Umgang mit Aggression und Wut sind für zu Hause, Kindertagesstätten, die ersten beiden Grundschuljahre oder Kindergruppen gedacht. Der Großteil der Angebote eignet sich für ein, zwei oder mehr Kinder, für manche ist eine Mindestzahl an Mitspielern nötig. Kinder brauchen in ihrer Auseinandersetzung mit emotionalen Themen nicht nur Erwachsene, die sie möglichst wertungsfrei zu einem Ausdruck ihrer Gefühle und Gedanken ermuntern sollten, sondern auch den Austausch mit Gleichaltrigen. Es wäre daher wünschenswert, wenn Eltern ihren Kindern häufig ein entsprechendes Umfeld bereiten könnten.

## Hinweis

Der Einfachheit halber sind die Kinder auf den folgenden Seiten in der Mehrzahl genannt, auch wenn es sich um Spiele handelt, die auch für ein Kind allein geeignet sind.

# Die Wut tut gut

## *Aggressive Gefühle spüren und mit ihnen umgehen lernen*

Wut tut gut. Das kennen wir sicher alle. Wenn wir in uns spüren, dass es nun reicht, und wir etwas verändern oder uns gegen etwas wehren wollen, dann spüren wir auch die Kraft, die damit verbunden ist. Wir haben dabei manchmal das Gefühl, die Welt aus den Angeln heben zu können.

Auf den vorhergehenden Seiten habe ich versucht zu erläutern, warum aggressive Gefühle zum Menschen gehören und welche Faktoren auf die Gewaltbereitschaft Einfluss nehmen. Im nun folgenden Kapitel finden Sie Spiele und Übungen, die Kindern helfen, ihre aggressiven Gefühle wahrzunehmen, darüber zu reden und Einfühlungsvermögen für andere zu entwickeln. Denn wenn ich lerne, für mich und die Situation um mich herum wachsam zu werden, gelingt es vielleicht, die Szene zu entschärfen oder aber auch eine klare Formulierung zu finden, welche dem anderen meine Grenze zeigt.

Kinder sollen im Laufe der Auseinandersetzung mit dem Thema merken, dass sie mit all ihrer Wut, ihrem Zorn und ihrer Aggression ernst genommen und angenommen werden. Voraussetzung dafür ist allerdings, dass die Erwachsenen dies auch wirklich tun und die Kinder immer wieder darauf aufmerksam machen, dass jeder Mensch nur selbst bestimmen kann, was er fühlt, und ein anderer Mensch dieselbe Situation oft ganz anders wahrnimmt.

# Anna und die Wut

*Mit dem Kinderbuch »Anna und die Wut« lässt es sich wunderbar in die Thematik einsteigen. Ohne moralisch zu werden, erzählt die Geschichte, wie Anna es schafft, konstruktiv mit ihrem Zorn umzugehen.*

Am besten, eine Erwachsene liest das Buch erst einmal vor. Dann reden die Kinder darüber. Was kennen sie aus ihrer eigenen Erfahrung? Wie finden sie die Erwachsenen in diesem Buch? Und so weiter. Am nächsten Tag könnten die Kinder die Geschichte selbst erzählen und alle schauen gemeinsam dazu die Bilder an. Wer mag, kann die schönste Stelle aus dem Buch malen. Wenn die Kinder richtig Spaß an der Geschichte haben, dann ist es gut, sie an einem der nächsten Tage gemeinsam als Theaterstück zu inszenieren.

| | |
|---:|:---|
| ALTER: | ab 2 Jahren |
| ANZAHL: | ab einem Kind |
| MATERIAL: | Bilderbuch (siehe Literaturtipps) |
| ZEIT: | etwa 20 Minuten |
| ORT: | überall, wo die Kinder ungestört sind |

# Die kleine und die große Wut

*Die Kinder haben von Anna aus dem Bilderbuch gehört. Nun sollen sie selbst ihre eigenen Gefühle beschreiben. Wann ärgern sie sich und worüber? Wie gehen sie dann mit der Wut um etc.?*

Die Kinder sitzen in einem Kreis. Sie erzählen der Erwachsenen, was sie wütend macht, wovor sie Angst haben und was sie schrecklich finden, wenn sie es tun müssen. Haben die Kinder alles gesagt, fordert die Spielleiterin sie auf, sich zu überlegen, welche Wut wohl Erwachsene haben.

| ALTER: | ab 3 Jahren |
|---|---|
| ANZAHL: | ab 2 Kindern |
| MATERIAL: | großformatiges Papier und Stifte |
| ZEIT: | etwa 20 Minuten |
| ORT: | im Raum |

Die Kinder wissen sicher eine ganze Menge. Die Spielleiterin schreibt alle Stichpunkte geordnet nach Kindern und Erwachsenen auf das Plakat. Während die Kinder sammeln, darf nicht diskutiert werden. Erst jetzt im Nachhinein können die Kinder sagen, ob sie etwas falsch auf der Liste finden. Die Spielleiterin hat dabei die Aufgabe, den Kindern zu verdeutlichen, dass niemand für den anderen sagen kann, dass dies kein Grund sei, wütend zu werden. Denn jeder Mensch muss für sich ganz allein entscheiden, ob ihn etwas berührt oder nicht.

Als Nächstes bittet die Erwachsene die Kinder, zu unterscheiden, welche Wut und Ärgernisse groß sind und welche klein. Die Kinder sollen sich dabei auch überlegen, ob es das denn überhaupt gibt, große und kleine Wut. Oder ob nicht alle Wut und aller Ärger in dem Moment, in dem jemand sie spürt, immer groß ist.

Nun vergleichen die Kinder mit Hilfe der Spielleiterin die Ärgernisse untereinander. Welche Ärgernisse haben denn große und kleine Menschen? Für die gemeinsamen suchen sich die Kinder ein Symbol und diese werden alle zusammen auf ein neues Blatt geschrieben. Nun können sich die Kinder in der nächsten Zeit immer wieder ein Ärgernis einmal genauer anschauen und gemeinsam überlegen, wie man damit besser umgehen kann.

## Ihm geht es heute so ...

*In der folgenden Spielidee geht es nicht darum, die eigenen Gefühle zu beschreiben, sondern sich in den anderen einzufühlen und die passende Mimik zu finden. Dabei ist es gut, wenn dieses Spiel immer wieder gespielt wird, damit die Kinder mehr Übung damit bekommen. Es könnte zum Beispiel im Kindergarten eine Zeit lang immer wieder im Anfangs- und Schlusskreis auftauchen.*

Der Mimürfel ist ein Würfel, der sechs verschiedene Gesichtsausdrucke zeigt. Es können auch Zeichnungen davon erstellt werden (neutral bis gut gelaunt, glücklich, staunend, traurig, wütend, ängstlich).
Jedes der Kinder hat einen Mimürfel oder sechs Blätter mit den Mimiken vor sich, während sie im Kreis sitzen. Nun beginnt das erste Kind ein Bild für seinen rechten Nachbarn herauszusuchen – und zwar das Gesicht, von dem es glaubt, dass es der heutigen Grundstimmung seines Nachbarn entspricht. Es legt es vor ihn hin und wartet ab, ob es den anderen richtig eingeschätzt hat. Der entsprechende Mitspieler sagt nun, ob die Stimmung stimmt oder ob er ein anderes Gesicht vor sich legen will. Dann ist er selbst an der Reihe, für seinen Nachbarn das richtige Bild herauszufinden.

| | |
|---|---|
| ALTER: | ab 3 Jahren |
| ANZAHL: | ab 4 Kindern |
| MATERIAL: | Mimürfel (Bezugsadresse siehe Seite 47) |
| ZEIT: | etwa 20 Minuten |
| ORT: | überall, wo die Kinder ungestört sind |

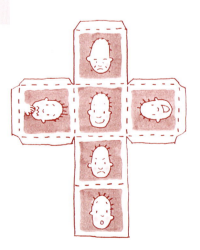

**AGGRESSIVE GEFÜHLE SPÜREN UND MIT IHNEN UMGEHEN LERNEN**

## Streithähne und Friedensstifter

*Kinder können sich sehr wohl in Konfliktsituationen hineindenken. Damit sie ein größeres Handlungsrepertoire bekommen, sind die im Folgenden erklärten Spielszenen hilfreich.*

| | |
|---:|:---|
| ALTER: | ab 3 Jahren |
| ANZAHL: | ab 6 Kindern |
| MATERIAL: | keines |
| ZEIT: | etwa 20 Minuten |
| ORT: | überall, wo die Kinder ungestört sind |

Die Kinder teilen sich in Kleingruppen zu je drei oder besser vier Kindern auf. In den Gruppen überlegen sie gemeinsam Situationen, in denen Menschen streiten. Es müssen keine Situationen aus ihrem eigenen Erleben sein. Die Kinder sollen nun für die anderen Kinder die ausgedachte Szene spielen. Wichtig ist dabei, dass die Kinder nur die Rollen übernehmen, zu denen sie auch Lust haben. Dieselbe Szene soll zweimal gespielt werden. Beim ersten Versuch streiten die Kinder und können sich nicht einig werden, beim zweiten Mal suchen sie gemeinsam eine Lösung und zeigen, wie es ohne Streiten gehen kann.

Jedes Mal, wenn eine Gruppe ihre beiden Stücke gespielt hat, schließt sich ein Gespräch an. Zuerst erzählen die Zuschauer, wie sie das Streiten und die gefundene Lösung fanden, anschließend versuchen die Kinder gemeinsam die Lösung auf Situationen zu übertragen, welche sie selbst im Alltag öfter erleben.

## Da war ich auf einmal so sauer …

*Kinder entwickeln erst ihr emotionales Gedächtnis. Als Erwachsene haben wir mit der Zeit gelernt, unsere Gefühle als Erinnerung abzuspeichern, damit sie immer wieder abrufbar sind. Kinder brauchen dafür Gelegenheiten, in denen sie sich bestimmte Situationen mit den eigenen Gefühlen wieder in Erinnerung rufen können.*

Die Kinder sitzen im Kreis. Ein Kind beginnt zu würfeln. Anschließend erzählt es eine Situation, in der es sich genauso gefühlt hat, wie es die gewürfelte Mimik zeigt. Es beschreibt die Situation und wer daran beteiligt war. Hat es geendet, gibt es den Würfel weiter und das nächste Kind würfelt neu. Wenn jedes Kind einmal gewürfelt hat, ist das Spiel zu Ende.
Anschließend kann jedes Kind sich in der geraden erzählten Situation malen.

| | |
|---|---|
| ALTER: | ab 3 Jahren |
| ANZAHL: | ab 2 Kindern |
| MATERIAL: | Papier und Stifte, Mimürfel |
| ZEIT: | etwa 15 Minuten |
| ORT: | überall, wo die Kinder ungestört sind |

# Woran denkst du, Gewaltsack?

*Es gibt viele Worte, die Menschen in unterschiedliche Kategorien einteilen. Was ist damit gemeint? Und wann ist es gerechtfertigt, jemanden so zu nennen?*

| | |
|---:|:---|
| ALTER: | ab 3 Jahren |
| ANZAHL: | ab einem Kind |
| MATERIAL: | keines |
| ZEIT: | etwa 10 Minuten |
| ORT: | überall, wo die Kinder ungestört sind |

Die Erwachsene fragt die Kinder, was ihnen einfällt zu dem Wort »Gewaltsack«. Was stellen sie sich unter einem Gewaltsack vor? Sagt es etwas Gutes aus oder etwas, was nicht so gern erlebt wird? Ist es ein Zustand oder kann jemand selbst dazu beitragen?
Weitere Wörter können sein:

GLÜCKSENGEL, TOLLPATSCH, UNGLÜCKSRABE, GLÜCKSPILZ, CLOWN, KITTERHENNE, KRATZBÜRSTE, MECKERLIESE, MIESEPETER, PECHVOGEL, TRAUERKLOß, FRIEDENSSTIFTER

# Im Bus bin ich fast geplatzt vor Wut

*Wie passen Gefühle und Situationen zusammen? Ist jemand beim Zahnarzt glücklich? Oder lässt einen das Eis in der Hand ganz mürrisch schauen? Kinder lernen in der nächsten Übung, wie Situationen für sie und andere ganz individuell zusammenpassen.*

Die Kinder sitzen auf dem Boden oder am Tisch. Vor ihnen liegen verdeckt mindestens zwanzig verschiedene Bilder (Arzt, Küche, Bett, Wald, Laden, Restaurant, Auto usw.), dazu gibt es gleich viele Mimiken (lachen, weinen, fröhlich, traurig, wütend usw.). Am praktischsten ist es, wenn alle Abbildungen vorher auf gleich große Kärtchen à la Memory aufgeklebt werden.

Das erste Kind dreht zwei Kärtchen um. Ist es eine Mimik und ein Bild, überlegt es sich, ob es eine solche Situation schon einmal erlebt hat, zum Beispiel, dass es selbst im Bus wütend war oder jemand anderes war wütend mit dem Kind (Kärtchen »Bus« und »wütend«).

Diese Geschichte erzählt es den anderen: warum es wütend war, wann und so weiter. Im Anschluss daran darf es die beiden Kärtchen zu sich nehmen. Hat es zwei Mimiken oder zwei Bilder gezogen, dreht es die Karten wieder um und das nächste Kind zieht zwei Karten. Kann ein Kind keine Geschichte zu dem Kartenpaar erzählen, dann ist das nächste Kind an der Reihe.

| | |
|---|---|
| ALTER: | ab 3 Jahren |
| ANZAHL: | ab 2 Kindern |
| MATERIAL: | viele Bilder verschiedener Situationen und Menschen mit differenzierten Gesichtsausdrücken |
| ZEIT: | etwa 15 Minuten |
| ORT: | im Raum |

**Variante**
Bei einer größeren Gruppe oder wenn sichergestellt werden soll, dass alle an die Reihe kommen, können die Kärtchen auch in zwei Häufchen sortiert werden. Dann wird immer eine Karte aus dem einen und eine Karte aus dem anderen Stapel gezogen, sodass sich auf jeden Fall eine mögliche Situation ergibt.

Diese weniger verspielte Variante bietet den Kindern die Möglichkeit, miteinander über erlebte Situationen in Austausch zu kommen. Erwachsene, die aufmerksam zuhören, erhalten Einblick in die Ängste, Ärgernisse, Freuden etc. der einzelnen Kinder.

## Was macht Wut und was tut gut?

*Wer lernt, diejenigen Situationen zu erfassen, die ihn immer wieder wütend machen, kann mit der Zeit vielleicht auch ein konstruktives Verhalten in solchen Situationen einüben.*

ALTER: ab 3 Jahren
ANZAHL: ab 3 Kindern
MATERIAL: ein Ball
ZEIT: etwa 10 Minuten
ORT: überall, wo die Kinder ungestört sind

Die Kinder sitzen in einem Kreis auf dem Boden. Das erste Kind stellt eine Frage an ein anderes Kind und rollt ihm den Ball zu. Es gibt zwei Fragen, die gestellt werden dürfen:

- Was macht dir Wut?
- Was tut dir gut?

Das Kind, welches den Ball erhält, beantwortet die Frage und stellt die nächste einem anderen Kind, dem es den Ball weiterrollt.
Auch die Erwachsenen können gerne mitspielen und den Kindern dabei indirekt weitere sprachliche Ausdrucksmöglichkeiten und Ideen für Situationen an die Hand geben.

## Zwei Königskinder

*Ein Spiel, um einmal richtig »Dampf« abzulassen, bei dem es trotzdem klare Spielregeln gibt. Jedes Kind kann selbst entscheiden, wie weit es sich in den Tumult mit einmischt.*

Zwei Königskinder stehen sich an den Enden des Spielfeldes gegenüber. Ihre Aufgabe ist es, zusammenzukommen und sich an den Händen zu fassen. Dabei sollen sie zwei andere Kinder fangen. Die anderen Kinder sind das Wasser, das verhindert, dass die Königskinder zusammenkommen können. Die Wasserkinder dürfen die Königskinder mit ihrem Körper immer wieder auseinander drängen, die Hände dabei jedoch nicht benutzen. Aber sie können sich natürlich ganz eng zusammenstellen und das Königskind muss sich dann mit viel Kraft befreien. Es darf auch nicht gekitzelt, festgehalten oder geschlagen werden. Die ersten beiden Kinder, welche gefangen sind, werden die neuen Königskinder.

Dieses Spiel braucht viel Kraft und kann deshalb nur wenige Male hintereinander gespielt werden.

| | |
|---|---|
| ALTER: | ab 4 Jahren |
| ANZAHL: | ab 8 Kindern |
| MATERIAL: | keines |
| ZEIT: | etwa 10 Minuten |
| ORT: | überall, wo die Kinder viel Platz haben |

**Hinweis**
Die »Zwei Königskinder« könnten als eine Art kleines Ritual den Kindern immer dann angeboten werden, wenn viel Spannung in der Luft liegt und die Kinder sehr unruhig sind.

# Die Wut grenzt ab

## *In Spielen und Übungen Grenzen ziehen*

In den Spielen und Übungen dieses Kapitels lernen die Kinder auf spielerische Weise, ihre Probleme anzugehen und sie zu bewältigen. Es werden immer wieder Handlungsstrategien und Lösungsmöglichkeiten aufgezeigt, um Konflikte auf ganz unterschiedliche Weise zu lösen, ohne dabei aus der Beziehung zu gehen. Im Rollenspiel und im Gespräch werden diese Kompetenzen eingeübt, so dass sie den Kindern auf Dauer im eigenen Repertoire zur Verfügung stehen.

Die Spielleiterin sollte dabei darauf achten, nicht zu schnell selbst Ideen einzubringen. Wenn die Kinder die Möglichkeit haben, ihre eigenen Vorschläge umzusetzen, werden sie schneller Zutrauen zu sich selbst entwickeln und erkennen, dass sie nicht nur Opfer sein müssen, sondern sich auch wehren können.

Dabei wird sich das Verhalten der Kinder nicht von heute auf morgen gänzlich verändern. Und auch in Zukunft wird es immer wieder passieren, dass der Zorn übermächtig ist und ein Kind (ebenso wie wir Erwachsenen auch) manchmal schneller reagiert, als es denkt. Wie am Beispiel auf Seite 13 gezeigt, ist es dann entscheidend, den Kindern Raum zu geben, über ihre Gefühle zu sprechen, ohne dafür verurteilt oder zurückgewiesen zu werden.

# Das große und das kleine Nein

*Das gleichnamige Bilderbuch zeigt Kindern auf wunderbare Weise, dass sie das Recht haben, sich abzugrenzen. Dabei ist das Maß dafür das eigene Gefühl. Ein Kind muss niemandem einen Kuss geben – aber es darf, wenn es möchte.*

Das Bilderbuch wird den Kindern vorgelesen. Anschließend wird darüber gesprochen, was in dem Buch steht und wo Kinder selbst schon ähnliche Erfahrungen gemacht haben. Es ist gut, das Buch immer wieder hervorzuholen und mit den Kindern darüber zu reden. Anschließend können die Kinder das Bild einer Szene malen, in der sie gerne einmal laut und deutlich Nein sagen wollen.

| | |
|---|---|
| ALTER: | ab 2 Jahren |
| ANZAHL: | ab einem Kind |
| MATERIAL: | Bilderbuch (siehe Literaturtipps) |
| ZEIT: | etwa 15 Minuten |
| ORT: | überall, wo die Kinder ungestört sind |

## Nein, nein und nochmals nein

*Die Kinder sollen hier lernen, einem Menschen gegenüber laut und deutlich Nein zu sagen und auszuprobieren, was sie sonst noch sagen oder tun könnten, um sich abzugrenzen.*

Die Kinder stehen sich zu zweit gegenüber. Ein Kind beginnt und versucht, das andere zu etwas zu überreden. Dieses soll immer Nein sagen oder auch »Ich will nicht«, sich umdrehen und so weiter. Dabei fordert die Erwachsene sie immer wieder auf, lauter und deutlicher zu werden. Besonders die schüchternen Kinder sollen sich aus sich heraustrauen und einmal richtig schreien.

| | |
|---|---|
| ALTER: | ab 3 Jahren |
| ANZAHL: | ab 2 Kindern |
| MATERIAL: | keines |
| ZEIT: | etwa 5 Minuten |
| ORT: | überall, wo die Kinder ungestört sind |

## Blubber, Blabber

*Sich in eine Gruppe einfühlen und dabei gleichzeitig die eigenen Grenzen wahrnehmen ist nicht einfach. In diesem Spiel können die Kinder damit Erfahrungen sammeln.*

Die Kinder bewegen sich durch den Raum und sagen dabei ständig »Blubber, Blabber« vor sich hin, mal laut und mal leise. Nach einiger Zeit versuchen sie, einen gemeinsamen Rhythmus zu finden und gemeinsam lauter und wieder leiser zu werden. Es kann auch Variationen zwischen langsam und schnell geben. Die Kinder versuchen, sich auch entsprechend zu ihrer Sprache zu bewegen. Dabei sollen sie sich immer in die Augen schauen und dann einmal ganz schnell auf ein anderes Kind zugehen, anschließend wieder schnell weg, einfach ein wenig experimentieren mit der Nähe und der Distanz.

Im Anschluss reden die Kinder darüber, wie es für sie war und wie nahe sie die anderen Kinder bei sich haben wollten. War es ein gutes Gefühl, selbst bestimmen zu können, wie weit weg sie gehen wollen?

| | |
|---:|:---|
| ALTER: | ab 3 Jahren |
| ANZAHL: | ab 4 Kindern |
| MATERIAL: | keines |
| ZEIT: | etwa 10 Minuten |
| ORT: | überall, wo die Kinder ungestört sind |

## Da machst du einfach so …

*Kinder erleben immer wieder Konfliktsituationen, in denen sie nicht wissen, wie sie ihre eigenen Grenzen deutlich machen sollen. Auch Begegnungen mit übergriffigen Erwachsenen gehören dazu. Gemeint sind hier nicht nur sexuelle oder gewalttätige Übergriffe, sondern auch die Tante, die ohne anzuklopfen ins Zimmer kommt. Je öfter Kinder in Übungssituationen ein bestimmtes Verhalten einüben, umso leichter wird es ihnen fallen, in einer tatsächlichen Situation entsprechend zu reagieren.*

Die Kinder treffen sich zu dritt in kleinen Gruppen. Sie einigen sich auf eine Problemsituation, in der es darum geht, einem anderen zu sagen, was man möchte bzw. nicht möchte. Anschließend bereiten sie die Situation als Spielszene vor, die Rollen werden verteilt, Utensilien bereitgelegt und das Ganze einmal probiert. Sind alle fertig, beginnt die erste Gruppe mit ihrer Vorführung. Am Ende bleiben die Kinder in ihrer Position.
Die anderen beraten sich in ihren Kleingruppen kurz und bieten dann einen Lösungsvorschlag an. Die spielende Gruppe entscheidet sich für einen und setzt ihn sofort in der Szene um, so dass sich die grenzüberschreitende Situation im Spiel selbst auflöst. Ein kurzes Gespräch über die verschiedenen Gefühle der Kinder beendet die Szene. Die Gruppe, die den Lösungsvorschlag machte, beginnt anschließend mit ihrem eigenen Spiel.
Gut ist es, wenn die Erwachsene die Kinder auffordert, auch einmal Situationen mit Erwachsenen darzustellen.

| | |
|---|---|
| ALTER: | ab 3 Jahren |
| ANZAHL: | ab 6 Kindern |
| MATERIAL: | keines |
| ZEIT: | etwa 20 Minuten |
| ORT: | überall, wo die Kinder ungestört sind |

# IN SPIELEN UND ÜBUNGEN GRENZEN ZIEHEN

**Hinweis**

Dieses Spiel lässt sich gut bei Streitereien der Kinder einsetzen. Die streitenden Kinder werden zusammen auf einen Stuhl gesetzt. Andere Kinder übernehmen ihre Rollen. Sie lassen sich das Geschehen beschreiben, bevor der Streit losging, und spielen es genau bis zu diesem Punkt. Nun überlegen sich die beiden »Streithähne«, wie diese Situation aufgelöst werden kann, ohne dass ein Streit ausbricht. Die Darsteller spielen es entsprechend. Im anschließenden Gespräch wird dann gemeinsam herausgefunden, warum eine friedliche Lösung in dem Moment nicht möglich war.

Auf keinen Fall darf die Erwachsene diese Situation dafür nutzen, den beiden Streithähnen Vorwürfe zu machen. Es fällt dann viel schwerer, die friedliche Lösung zu sehen, als wenn man einfach zuschauen kann! Es kann erst in einem längeren Prozess den Kindern gelingen, verschiedene Kompromissmöglichkeiten zu finden.

## Wenn mein Bruder mich ärgert, fühle ich …

*Wie unterscheiden sich die Situationen im Alltag von Kindern?
Gibt es Dinge, die immer wieder passieren, obwohl sich die Kinder darüber ärgern?
Und wie unterschiedlich erleben die anderen Kinder verschiedene Situationen?*

| | |
|---|---|
| ALTER: | ab 3 Jahren |
| ANZAHL: | ab 3 Kindern |
| MATERIAL: | keines |
| ZEIT: | etwa 20 Minuten |
| ORT: | überall, wo die Kinder ungestört sind |

Die Kinder sitzen in einem Kreis. Das erste Kind beginnt: Es nennt ein Gefühl, das es in einer bestimmten Situation immer hat. Zum Beispiel: Wenn Mami mich ins Bett bringt, fühle ich mich kuschelig wohl. Nun ist das Kind neben ihm an der Reihe. Es wiederholt den Satz des Vorgängers und fügt einen eigenen hinzu. Wenn ein Kind einen Satz vergessen hat, helfen die anderen Kinder weiter. Waren alle Kinder einmal an der Reihe, ist das Spiel zu Ende.

### Hinweis

Es ist wichtig, dass der Satz der Vorgänger jeweils in der dritten Person wiederholt wird (»Wenn Leas Mami sie ins Bett bringt, fühlt Lea sich kuschelig wohl. Wenn ich in den dunklen Keller gehe, …«). In diesem Spiel sollen die Kinder erleben: Die Gefühle eines jeden Menschen in einer bestimmten Situation sind »richtig« und in Ordnung, auch wenn ich selbst in der gleichen Situation ein anderes Gefühl hätte.

## Reiter werfen

*Immer wieder geht es beim Streiten auch darum zu erproben, wer der Stärkere ist. Auf die körperliche Kraft bezogen können die Kinder das in diesem Spiel feststellen.*

Immer zwei Kinder gehen zusammen. Ein Kind begibt sich in den Vierfüßlerstand und das andere setzt sich auf seinen Rücken. Dabei muss es die Knie so weit anziehen, dass es den Boden nicht mehr berührt, und sich mit den Oberschenkel am »Pferd« festhalten. Ein anderes Paar macht dies genauso. Nun beginnen die Reiter miteinander zu ringen. Sie versuchen, den anderen von seinem Pferd zu ziehen. Die Erwachsene achtet darauf, dass niemand die Beine auf den Boden bringt. Die Reiter können ihren Pferden Anweisungen geben, etwas zurück- oder vor-, vielleicht auch einmal seitlich zu gehen. Ist ein Reiter heruntergefallen, dann ruhen sich alle erst aus, bevor die Kinder ihre Rollen wechseln. So kann jedes Kind mit allen nacheinander einmal die Kräfte messen.
Im Wasser ist dieses Spiel besonders schön. Dann werden die Reiter auf die Schulter gesetzt, Voraussetzung dafür ist aber, dass die Kinder schwimmen können.

| | |
|---:|:---|
| ALTER: | ab 4 Jahren |
| ANZAHL: | ab 4 Kindern |
| MATERIAL: | keines |
| ZEIT: | etwa 10 Minuten |
| ORT: | überall, wo die Kinder viel Platz haben |

## Heute bin ich waldmäßig drauf

*Für einen konstruktiven Umgang mit Wut und Aggression ist es überaus wichtig, dass Kinder die Möglichkeit erhalten, sich über ihre eigenen gegenwärtigen Gefühle klar zu werden und sie nach außen mitzuteilen.*

Mit den Kindern werden vier verschiedene Bilder hergestellt, dazu werden die Motive ausgeschnitten und auf je ein mindestens DIN A4 großes Stück Filz geklebt. Ein Bild zeigt zum Beispiel eine Höhle in den Bergen, in der man sich vor der Welt verstecken kann, wenn sie einem zu viel ist und ein Kind einmal alleine sein will. Ein anderes Bild zeigt den wilden Wald, der zum Abenteuer einlädt, für Kinder, die zu viel Energie haben; sei es, weil sie wütend sind oder einfach körperlich im Moment nicht ausgelastet. Das dritte Bild stellt einen Badesee in der Sonne dar für Kinder, die sich einfach nur gut fühlen. Und auf dem letzten Bild sind viele Kissen für die Momente, in denen ein Kind mit anderen kuscheln will oder getröstet werden muss. Sind die Bilder fertig, werden sie genau besprochen und ihnen verschiedene Gefühle zugeordnet.

Die Bilder werden an die Wand gehängt. Jedes Kind bekommt nun ein eigenes Symbolkärtchen oder eine Karte mit dem eigenen Namen, auf dessen Rückseite ein Stück Klettstreifen klebt, der gut auf dem Filz hält. Jedes Kind ordnet seine Karte einem der Bilder zu, entsprechend den eigenen Gefühlen im Moment. Verändern die sich im Laufe des Tages, können die Kinder ihre Karte auch wieder umstecken.

Im Kindergarten könnten die Kinder in der nächsten Zeit jeden Morgen ihre Karte auf das entsprechende Bild kleben. Damit weiß die Erwachsene, wie in etwa die Stimmungslage der Kinder ist, und kann ihr Programm darauf einstellen.

ALTER: ab 3 Jahren
ANZAHL: ab einem Kind
MATERIAL: vier Fotos aus Zeitschriften o.Ä., Filz, Klebstoff, Papier, Stifte, Klettstreifen
ZEIT: etwa 20 Minuten
ORT: im Raum

## Hinweis

Zu Hause könnten die vier Bilder an einer gut zugänglichen Stelle hängen und sowohl die Kinder als auch die anderen Familienmitglieder könnten damit zeigen, wie sie sich fühlen.

Eine schöne Möglichkeit ist es, sich über einen gewissen Zeitraum abends mit der ganzen Familie zu versammeln und über die gezeigten Gefühle zu sprechen: wie sich die Emotionen anfühlen, wie und wann sie sich ändern, wie sich die Familienmitglieder gegenseitig wahrnehmen etc. Wichtig ist auch, sich immer zu bedanken, wenn jemand Rücksicht auf eine Gefühlslage eines oder einer anderen genommen hat.

## Chaos am Morgen

*Wie reagieren Kinder, wenn einmal nicht alles so ist, wie sie es gewohnt sind? Was entstehen für Gefühle? Werden die Kinder ärgerlich oder eher verunsichert?*

ALTER: ab 3 Jahren
ANZAHL: ab einem Kind
MATERIAL: keines
ZEIT: etwa 30 Minuten
ORT: im Raum

An einem Morgen ist im Kindergarten/zu Hause nichts fertig und gar nichts vorbereitet. Die Kinder kommen in den Raum und die Erzieherin/die Mutter ist nicht da. Es ist kein Tee gekocht, der Tisch, an dem die Kinder sonst frühstücken, liegt voll mit Unterlagen. Im Winter sind die Fenster auf und die Heizung aus, im Sommer sind die Fenster zu und die Heizung an und so weiter. Alles, was die Erwachsenen normalerweise morgens tun, ist nicht getan.

Die Erwachsene wartet einige Zeit ab und schaut, wie die Kinder sich verhalten. Dann ruft sie alle zusammen und die Kinder sollen erzählen, wie sie sich fühlen oder gefühlt haben. Sie spricht mit den Kindern dabei auch über die Ansprüche, die die Kinder haben. Was erwarten sie und welche Gefühle tauchen auf, wenn ein Erwachsener den Ansprüchen nicht gerecht wird?

Gemeinsam wird im Anschluss alles wieder in Ordnung gebracht und es gibt sicher noch viel zu besprechen.

## Am Ende des Tages

*Wichtig ist es, Kinder immer wieder aufzufordern, das auszudrücken, was sie bewegt und wie sie sich heute im gemeinsamen Tun gefühlt haben. Hier ist eine Möglichkeit, wie das geschehen kann.*

Die Kinder sitzen zusammen. Bevor sie gleich nach Hause oder ins Bett gehen, überdenken sie gemeinsam noch einmal den Tag und tragen zusammen, was sie heute alleine und gemeinsam erlebt haben. In der ersten Runde sagt jedes Kind etwas, was ihm heute nicht gefallen hat. Das kann am Programm oder auch an anderen Kindern, dem Wetter und so weiter gelegen haben.

Wichtig ist, dass es danach sagt, wie es sich gefühlt hat. Die Erwachsene achtet darauf, dass die Kinder wirklich von sich sprechen, also: »Mir hat nicht gefallen, dass Ilona mir meine Puppe weggenommen hat. Ich habe mich dabei viel schwächer als sie gefühlt.«

In der zweiten Runde nennen alle Kinder etwas, was ihnen gefallen hat, und sie sprechen auch dabei von einem eigenen Gefühl.

| | |
|---:|:---|
| ALTER: | ab 3 Jahren |
| ANZAHL: | ab einem Kind |
| MATERIAL: | keines |
| ZEIT: | etwa 10 Minuten |
| ORT: | überall, wo die Kinder ungestört sind |

**Hinweis**

Verwenden die Kinder dabei zu oft dieselben Wörter, sollte die Erwachsene ruhig unterbrechen, um gemeinsam mit ihnen Alternativen zu finden, die ihre Gefühlslage gut ausdrücken. »Schön« und »blöd« sind nur begrenzt als Beschreibung eines Gefühls hilfreich.

# Die Wut schlägt zu

*Spiele zum Umgang mit Gewalterfahrungen*

Wenn Kindern Gewalt begegnet, sei es durch andere Kinder, durch Jugendliche oder Erwachsene, sollte ein solches Trauma unbedingt psychologisch und therapeutisch behandelt werden. Kinder brauchen parallel dazu verstehende Erwachsene, die ihnen die Möglichkeit bieten, sich auszusprechen, aber auch, sich sicher zu fühlen.

Nach einer Gewalterfahrung ebenso wie für die Prävention ist es wichtig, Kinder zu stärken, damit sie sich ihrer eigenen Kompetenzen bewusst werden und dabei auch die Stärke der Gruppe als Ermutigung und Stütze erfahren. Diese Möglichkeit bieten die Spiele und Übungen im folgenden Kapitel.

SPIELE ZUM UMGANG MIT GEWALTERFAHRUNGEN 43

# Streiten gehört dazu, auch wenn man sich lieb hat

*Das gleichnamige Bilderbuch erzählt die wunderbare Geschichte, als Mama im Zorn das Haus verließ und Tom voller Sorge wartet, ob sie wiederkommt. Und das tut sie auch, sogar den Papa küssend ...*

Das Bilderbuch ist wiederum als Einstieg gedacht. Nach dem Vorlesen wird über die Geschichte gesprochen. Haben Kinder so etwas auch schon erlebt? Wie ist das, wenn die Eltern streiten? Oder die Eltern und Geschwister? Streiten sie anders als die Kinder untereinander? Und um was für Themen geht es dann? Hier kann die Erwachsene mit den Kindern gut herausarbeiten, was zu einem »guten« Streit dazugehören kann und wo die Grenzen sind.

| | |
|---|---|
| ALTER: | ab 3 Jahren |
| ANZAHL: | ab einem Kind |
| MATERIAL: | Bilderbuch (siehe Literaturtipps) |
| ZEIT: | etwa 20 Minuten |
| ORT: | überall, wo die Kinder ungestört sind |

**Hinweis**
Die Erwachsene sollte während dieses Angebots sehr darauf achten, dass die Kinder nicht moralisch werten (im Sinne von: »Das tut man nicht!«). Es gilt immer wieder aufzuzeigen, dass Menschen Streitigkeiten unterschiedlich handhaben und dass es auch unterschiedliche Vorstellungen davon gibt, was ein »guter« Streit oder eine gute Lösung ist. (Das gefällt mir an dem Bilderbuch so gut. Die Mutter geht einfach - wo andere sagen würden: »Das kann man doch nicht machen!« Und man/frau kann es eben doch!)

## Fallen voller Vertrauen

*Vertrauen in die eigene Gruppe zu erfahren ist ein wichtiges Ziel dieser Übung. Vertrauen kann aber nicht erzwungen werden, es versteht sich also, dass die Kinder selbst entscheiden, ob sie die Übung ausprobieren oder nicht. Zudem muss ein entsprechendes Umfeld gegeben sein. Wenn gerade gestritten wurde, ist keine Atmosphäre, in der die Kinder ruhig und konzentriert miteinander umgehen können.*

ALTER: ab 5 Jahren
ANZAHL: ab 9 Kindern
MATERIAL: keines
ZEIT: etwa 20 Minuten
ORT: überall, wo die Kinder ungestört sind

Alle bis auf ein Kind bilden einen Kreis, Schulter an Schulter. Ein Kind steht in der Mitte und schließt die Augen. Es macht sich ganz steif und kneift dabei den Po fest zusammen. Die anderen strecken nun die Arme waagrecht nach vorne, Handflächen locker nach oben. Das Kind lässt sich in diese Hände fallen. Vorsichtig schaukeln die Kinder es im Kreis hin und her. Nach einer Weile ist Wechsel.
Die Kinder sprechen im Anschluss über ihre Gefühle, die sie im Kreis hatten und als sie sich fallen gelassen haben.

# Gruppennetz

*Wenn Kinder innerhalb der Familie oder einer vertrauten Gruppe lernen, sich offen auszudrücken, wird es ihnen später nicht so schwer fallen, auch Fremden gegenüber zu äußern, was sie wollen, und sie sind dann auch schneller in der Lage, sich einem Erwachsenen anzuvertrauen.*

Die Kinder sitzen im Kreis. Das Wollknäuel wird von einem zum anderen geworfen. Wer den Knäuel in Händen hat, wickelt ihn einmal um sein Stuhlbein. Bevor ein Kind den Knäuel weiterwirft, sagt es dem »Empfänger« etwas, das ihm an dieser Person nicht gefällt oder das es sich anders wünschen würde. So entsteht nach und nach ein Netz zwischen den Kindern und macht deutlich, dass alle in dieser Gruppe miteinander verbunden sind. Ist der Knäuel zu Ende oder den Kindern fällt nichts mehr ein, wird die Wolle wieder aufgewickelt. Dazu werfen die Kinder die Wolle in der Reihenfolge rückwärts zurück, so dass sich das Netz langsam wieder auflöst. Die Kinder sagen nun dem Kind, das die Wolle erhält, was sie an ihm ganz toll finden und warum sie es mögen. Ist die Wolle wieder aufgewickelt, umarmen sich die Kinder und bedanken sich für die Offenheit.

| | |
|---|---|
| ALTER: | ab 3 Jahren |
| ANZAHL: | ab 3 Kindern |
| MATERIAL: | Stühle, ein Wollknäuel |
| ZEIT: | etwa 10 Minuten |
| ORT: | überall, wo die Kinder ungestört sind |

# Zauberbowle

*Manchmal in schweren Zeiten ist es für Kinder gut, stärkende Rituale zu haben oder sich imaginärer, magischer Kräfte zu bedienen.*

| | |
|---|---|
| ALTER: | ab 2 Jahren |
| ANZAHL: | ab zwei Kindern |
| MATERIAL: | verschiedene Säfte, in kleine Flaschen gefüllt, Früchtetee, frische Blätter von Minze und Zitronenmelisse, eine große Schüssel |
| ZEIT: | etwa 10 Minuten |
| ORT: | überall, wo die Kinder ungestört sind |

Die Erwachsene verteilt die Flaschen an die Kinder. Der Tee zusammen mit den Kräutern ist bereits in die Schüssel gefüllt. Nun überlegt sich jedes Kind einen Zauberspruch, der ihm Mut und Vertrauen oder auch Trost geben soll. Wenn alle Kinder einen Spruch gefunden haben, stellen sie sich um die Schüssel herum. Sie schütten den Inhalt ihrer Flasche in die Schüssel und sagen dabei laut ihren Spruch auf. Die anderen Kinder wiederholen ihn. Waren alle Kinder an der Reihe, wird die Zauberbowle getrunken und die Erwachsene beginnt damit, die phantastische Wirkung zu preisen.

# Literaturtipps

## Literaturtipps

Baum, Heike: *Starke Kinder haben's leichter. Spielerisch das Vertrauen in die eigene Kraft stärken.* Herder, Freiburg 1998

Haug-Schnabe, Gabriele: *Aggression im Kindergarten.* Herder, Freiburg 1996

Parens, Henri: *Kindliche Aggression.* Kösel, München 1995

Seyffert, Sabine: *Kleine Mädchen, starke Mädchen. Spiele und Phantasiereisen, die mutig und selbstbewusst machen.* Kösel, München 1997

Solter, Aletha J.: *Auch kleine Kinder haben großen Kummer. Über Tränen, Wut und andere starke Gefühle.* Kösel, München 2000

Solter, Aletha J.: *Wüten, toben, traurig sein. Starke Gefühle bei Kindern.* Kösel, München 1994

Sommerfeld, Verena: *Toben, raufen, Kräfte messen. Ideen, Konzepte und viele Spiele zum Umgang mit Aggressionen.* Ökotopia, Münster 1999

Sommerfeld, Verena: *Umgang mit Aggressionen. Ein Arbeitsbuch für Erzieherinnen, Lehrer und Eltern.* Hermann Luchterhand Verlag, Neuwied 1996

## Bilderbücher/Kinderbücher

Braun, Gisela/ Wolters, Dorothee: *Das große und das kleine Nein.* Verlag an der Ruhr, Mühlheim 1991

Geissler, Dagmar/Frey, Jana: *Streiten gehört dazu, auch wenn man sich lieb hat.* Ravensburger, Ravensburg 1996

Meyer-Glitza, Erika: *Wenn Frau Wut zu Besuch kommt. Therapeutische Geschichten für impulsive Kinder.* Iskopress, Salzheim 2000

Nöstlinger, Christine: *Anna und die Wut.* Dachs Verlag, Wien 1995

## Materialhinweis

Der Mimürfel ist zu beziehen über: Arbeitsstelle Neues Spielen, Berliner Straße 37, 28203 Bremen. Telefonische Bestellung: 0421/70 32 32

# EMOTIONALE ERZIEHUNG

**Heike Baum**, Spielpädagogin, Gruppendynamikerin und Supervisorin (DGSv), leitet Seminare mit dem Schwerpunkt »Emotionale Erziehung« für Eltern und Erzieher.

Kleine, handliche Praxisratgeber für alle, die mit Kindern im Vorschulalter umgehen: spielerische, alltagsnahe und leicht umzusetzende Anregungen, um die soziale und emotionale Kompetenz von Kindern zu stärken. Nach einem übersichtlichen Informationsteil zum entwicklungspsychologischen Hintergrund und pädagogischen Umgang mit einem wichtigen Gefühlsbereich enthält jeder Band praktische Spielideen und Übungen.

### Ich hab aber nicht geschwindelt!
Vom Umgang mit Lüge und Wahrheit
ISBN 3-466-30587-X

### Mit dem spiel ich nicht!
Vom Umgang mit Ablehnung und Ausgrenzung
ISBN 3-466-30588-8

### Ist Oma jetzt im Himmel?
Vom Umgang mit Tod und Traurigkeit
ISBN 3-466-30586-1

**Jeder Band:**
48 Seiten, kartoniert, durchgehend illustriert

## LEBEN MIT KINDERN